Soissons avant la Guerre

IMAGES·HISTORIQUES

LE·MÉMORIAL·DES·CITÉS·RAVAGÉES

ÉTIENNE MOREAU-NÉLATON

SOISSONS
AVANT·LA·GUERRE

H. LAURENS
ÉDITEUR·PARIS

SOISSONS
AVANT LA GUERRE

IMAGES HISTORIQUES

Parus :

La Marseillaise et Le Chant du Départ.
Un Sacre a Reims : Le Sacre de Louis XV.
La Colonne de la Grande-Armée.
Reims avant la Guerre.
Soissons avant la Guerre.

En préparation :

Reims pendant et après la Guerre.
Soissons pendant et après la Guerre.

IMPRIMERIE CH. HÉRISSEY
ÉVREUX

IMAGES HISTORIQUES

LE MÉMORIAL DES CITÉS RAVAGÉES

SOISSONS
AVANT LA GUERRE

PAR

ETIENNE MOREAU-NÉLATON

TRENTE-SIX ILLUSTRATIONS

PARIS
HENRI LAURENS, ÉDITEUR
6, Rue de Tournon, 6

Tous droits de traduction et de reproduction réservés pour tous pays.
Copyright by Henri Laurens, 1915.

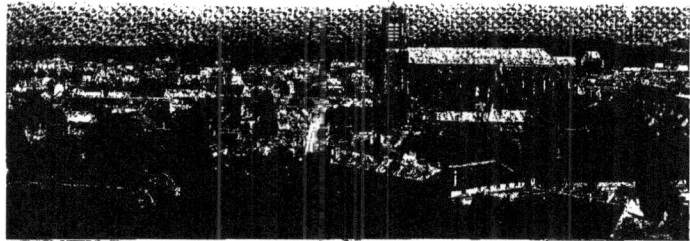

Fig. 1. — Vue générale prise de Saint-Jean-des-Vignes.   Photo Nougarède.

LE MÉMORIAL DES CITÉS RAVAGÉES

SOISSONS
AVANT LA GUERRE

Texte d'Étienne Moreau-Nélaton.

J'ai fait la connaissance de Soissons voilà quelque chose comme trente-quatre ans. J'y accomplis mon volontariat d'un an en 1881. La ville qui me garda, en ce temps-là, douze mois dans ses murs différait notablement de celle qu'a produite, depuis lors, le déclassement de l'ancienne place de guerre et la démolition de ses remparts. Elle jouissait du charme mystérieux d'une âme repliée sur elle-même. Exception faite de deux artères commerçantes qui charriaient la vie provinciale, toute la cité vivait dans le silence et le recueillement. Son calme avait la gravité sérieuse des vieilles gens, qui ont longuement vécu. Je goûtais fort son archaïsme tranquille. La pioche qui a nivelé son enceinte a fait un Soissons plus éveillé, enclin à participer davantage à la vie du dehors. Toutefois, malgré ce rajeunissement, malgré ses boulevards neufs et leurs maisons à la mode du jour, la ville gardait encore, pour qui la visitait à la veille de la guerre, un parfum intense de vieille France.

Elle le devait d'abord à quelques monuments fameux, qui ont joué un rôle capital dans l'histoire de notre pays. Sa cathédrale (fig. 1 à 4) n'est pas un musée de sculpture comme celle de Reims ; mais, elle présente un des types les plus accomplis de l'architecture gothique. Son chœur, terminé en 1212, l'année même où Notre-Dame de Reims s'apprêtait à renaître des cendres d'un premier incendie, est l'œuvre d'un temps héroïque comme le nôtre. L'évêque Nivelon de Chérizy, mort avant sa consécration, mais qui avait présidé à son édification, revenait de Constantinople, où il était entré

Photo Lévy.
Fig. 2. — La Cathédrale et la place Mantoue.

Photo Nourdain.
Fig. 3. — La Cathédrale et la rue de la Buirie.

avec les Croisés, et c'était lui qui avait posé la couronne impériale sur la tête de Baudouin, comte de Flandre. Deux ans plus tard, les milices soissonnaises se groupaient autour du roi de France sur le pont de Bouvines, et Philippe-Auguste, en ce jour mémorable, arrêtait avec elles l'invasion allemande. Leur victoire fut à coup sûr célébrée dans ce chœur encore tout neuf ainsi que dans le coquet vaisseau arrondi à trois étages qui constitue le croisillon sud du transept, par lequel la construction de l'église avait commencé dans le dernier quart du xiie siècle (fig. 6 et 7). La nef (fig. 5) sortait à peine de terre. La façade et la tour qui la domine (fig. 4) ne s'élevèrent que beaucoup plus tard. Puis, survint la guerre de Cent ans, qui arrêta les ouvrages. Le beffroi attend encore son pendant. Tout ce que put faire le xiv° siècle, c'est doter le transept d'un second croisillon, avec un élégant portail à gable élancé (fig. 8), débouchant près du cloître des chanoines. Cette résidence canonicale n'existe plus ; mais son souvenir

Fig. 1. — La Cathédrale. Façade occidentale.

s'est conservé : il survit dans la dénomination de la paisible place du cloître, dont les habitations, bien que d'essence laïque, empruntent à leur situation quelque chose de vaguement presbytéral (fig. 14). C'est du fond de ce quadrilatère aux maisons basses et sans éclat tapageur qu'il faut regarder l'altière voisine et sa silhouette grandiose se profilant contre le ciel.

Saint-Jean-des-Vignes rivalise en intérêt artistique avec la cathédrale. Cependant, ce n'est qu'une ruine. Une riche famille de moines, dont c'était

Photo Lévy.
Fig. 5. — La Cathédrale. Nef et chœur.

Photo Lévy.
Fig. 6. — La Cathédrale. Transept. Côté sud.

Photo Lévy.
Fig. 7. — La Cathédrale. Transept. Côté sud.

Photo Neurdein.
Fig. 8. — La Cathédrale. Portail nord.

le berceau, a employé trois siècles, depuis saint Louis jusqu'à François Ier,
pour faire de son église un joyau rare. Deux clochers élancés en prolongent vers le firmament la façade qui seule a survécu aux vicissitudes du
passé (fig. 9). De grandes statues un peu frustes, mais très expressives, en
habitent les contreforts, et Jésus crucifié agonise sur la plus haute fenêtre

Fig. 9. — Saint-Jean-des-Vignes. Façade occidentale.

dont est trouée la tour la plus élevée (fig. 11). Déjà, en 1870, les obus
allemands se sont donné l'infernal plaisir de déchirer quelques morceaux
de cette dentelle de pierre. Ils ont emporté les meneaux de la grande rose,
depuis longtemps dépouillée de ses vitraux. Mais, tel qu'on le voyait encore
avant son nouvel et récent assaut, le monument restait d'une magnificence
imposante. D'importants débris d'un cloître se tenaient debout auprès de
lui (fig. 10). On y accédait par une porte (fig. 12) dont le tympan et les
voussures sont semés de feuilles d'armoise en l'honneur du patron de

l'abbaye ; car le peuple appelle familièrement l'armoise « la ceinture de saint Jean ». Il paraît qu'au temps de leur splendeur, les hôtes du lieu en

Photo Lévy.
Fig. 10. — Saint-Jean-des-Vignes. Le Cloître.

avaient fait un délicieux séjour, rafraîchi d'eaux courantes, paré de fleurs ainsi que de statues, et que du bout des doigts d'un saint Jean, dressé au milieu de l'enceinte dans l'attitude baptismale, on voyait s'épancher une fraîche et symbolique fontaine. Avec tant soit peu d'imagination, il n'est

Photo Martin Salven.
Fig. 11. — Saint-Jean-des-Vignes. Tour nord.

Photo Neurdein.
Fig. 12. — Saint-Jean-des-Vignes. Porte du Cloître.

pas trop malaisé d'évoquer cet aspect. Les vieilles pierres sont si suggestives. Mais, il faut tout au moins les apercevoir. Une partie de celles-ci étaient soustraites naguère encore au public. L'administration militaire en accaparait la jouissance. Le beau cloître lui échappait, mais elle avait la main sur le bâtiment abbatial (fig. 13) ainsi que sur un fragment du cloître Renaissance adjacent à son aîné (fig. 18).

J'ai connu en Saint-Léger (fig. 15 et 17) un édifice habité par des clercs, qui y perpétuaient la vie religieuse d'autrefois. La séparation de l'Eglise et de l'Etat en a chassé le petit séminaire diocésain. L'église, désaffectée, a été coupée en deux. Le chœur et le transept, qui remontent au XIII° siècle, ont seuls bénéficié d'un arrêté de classement, qui en a fait un musée. La nef Renaissance et

Fig. 13. — Saint-Jean-des-Vignes. Logis abbatial.

Fig. 14. — La Cathédrale et la place du Cloître.

Fig. 15. — Saint-Léger.

la jolie façade Louis XIV (fig. 16), qui la précède, ne furent pas jugées dignes de partager le même sort. Restée maitresse de cette portion du vaisseau, la ville en faisait une salle de club. La dernière fois que je visitai les lieux, peu de temps avant les hostilités, l'aspect en était lamentable. Le cloître, autrefois si coquet (fig. 33), attendait, dans un abandon sordide, l'installation prochaine d'une caserne, à laquelle tous les bâtiments d'habitation étaient promis. Je ne quittai pas le théâtre de cette désolation

Photo de l'auteur.
Fig. 16. — Portail de Saint-Léger.

Photo Lévy.
Fig. 17. — Tour de Saint-Léger.

sans jeter un coup d'œil sur les cryptes terrées sous l'église. La visite de ces caves, consacrées au culte en des âges où des agressions belliqueuses forçaient déjà l'homme à se cacher sous le sol, reporte au temps où les comtes de Soissons, dont la résidence était voisine, installaient en cet endroit la communauté de chanoines réguliers qui y vécut jusqu'à la Révolution. D'autres prêtres ayant pris leur succession jusqu'à nos jours, cet antique foyer religieux vient seulement de s'éteindre après neuf siècles d'existence continue.

L'abbaye royale de Notre-Dame, qui ne fut pas moins florissante sous l'ancien régime, a fini, une fois pour toutes, avec lui. Cette maison, fondée par la femme du maire du palais Ebroïn, qui eut pour abbesses des filles de rois et aussi de grandes dames comme celle dont l'image de marbre vous accueille aujourd'hui à la porte de la cathédrale (fig. 20), dont les clôtures englobaient près du quart de Soissons, et qui constituait

Fig. 18. — Saint-Jean-des-Vignes. Cloître Renaissance.

une véritable ville dans la ville, ce cloître fameux a disparu en ne laissant de lui que quelques débris compris dans la caserne située en bordure de la rue du Commerce (fig. 19). C'est là, dans cette abbaye si complètement défunte, que le tombeau de saint Drausin, aujourd'hui au Louvre, recevait la visite des chevaliers avant leurs rencontres en champ clos; car l'ancien évêque de Soissons, enseveli dans ce sarcophage archaïque, pas-

Fig. 19. — La Caserne (Ancienne Abbaye de Notre-Dame) et la rue du Commerce.

sait pour un puissant auxiliaire des combattants qui l'imploraient. De l'église du monastère, placée comme lui sous le vocable de Notre-Dame, il ne subsiste rien, hormis un pan de mur et deux fenêtres. Mais, d'une autre église comprise autrefois dans l'enceinte abbatiale, il demeure encore un bon morceau debout. J'ai nommé Saint-Pierre au Parvis (fig. 21), construit au XII° siècle pour les moines au service du monastère, et dont la façade avec la première travée offrent un admirable type d'architecture

Photo de l'Auteur.
Fig. 20 — Statue d'une abbesse de Notre-Dame.

romane, bien française en dépit de certaines influences orientales signalées dans quelques singularités ornementales. Saint-Pierre n'est plus consacré au culte. Le peu qu'il en reste abrite les exercices des gymnastes soissonnais.

Pour atteindre l'ancienne abbaye de Saint-Médard, il faut franchir l'Aisne et traverser le faubourg Saint-Vast. C'est aujourd'hui une maison d'éducation pour les sourds-muets et les aveugles. Une porte monumentale (fig. 24) donne accès dans un enclos ombreux, planté de constructions de médiocre apparence, mais qui transportent la pensée aux époques les plus reculées de notre histoire. Car ce domaine fut la résidence favorite de Clovis et de ses descendants. Ce fut le Versailles de presque tous les chefs mérovingiens et le Saint-Denis de plusieurs. Clotaire y avait fait transporter le corps vénéré de l'évêque de Noyon Médard, mort en grande réputation de sainteté, et voulut reposer lui-même auprès de sa dépouille mortelle. Sigebert fixa à son tour sa sépulture au même endroit. Le monastère chargé de veiller sur ces cendres illustres fut un des plus fameux de l'ancienne France. Rien n'en atteste plus l'existence qu'un coin de salle capitulaire, servant aujourd'hui de chapelle à l'établissement charitable établi à sa place, et une crypte avec des tombeaux vides (fig. 23), au-dessus de laquelle se dressait autrefois l'église abbatiale. Mais, cet asile souterrain de la prière, qui nous reporte pour le moins à l'époque carolingienne, suffit à ressusciter l'âge héroïque, quoique barbare, de nos origines nationales, dont il nous parle. C'est là, dans ces cercueils dépouillés de leurs ossements, qu'ont dormi le fils et le petit-fils de Clovis.

FIG. 21. — Ancienne église Saint-Pierre au Parvis.

FIG. 22. — L'Arquebuse.

FIG. 23. — Crypte de Saint-Médard.

Fig. 24. — Porte d'entrée de Saint-Médard.   Fig. 25. — Presbytère de la cathédrale.

C'est sous ces voûtes que des foules pieuses ont défilé, dans l'espoir d'un miracle, devant la relique vénérée du grand saint Médard. A côté, on vous montrait jadis un cachot fétide, en vous le donnant comme la geôle où Louis le Débonnaire, déposé par ses fils, avait gémi des années. Cette tradition n'a plus cours. Mais le souvenir de la passion tragique du vieux monarque plane sur ce coin de terre chargé d'histoire.

Les moines de Saint-Médard devaient à ce malheureux souverain la possession d'une précieuse relique de saint Sébastien. Cette relique fit de leur couvent le centre des confréries de chevaliers de l'arc, dont leur abbé fut le grand-maître. A ce titre, messire Henri-Charles Arnauld de Pomponne signait, le 29 novembre 1733, les statuts sur lesquels vit encore la noble archerie française.

A partir de l'invention des armes à feu, l'arc eut une rivale redoutable dans l'arquebuse. La bourgeoisie provinciale, adonnée jusqu'alors au jeu d'arc, se précipita dans les compagnies d'arquebusiers, en laissant son ancien « sport » aux petites gens. Ce furent des sociétés cossues, qui se logèrent de façon grandiose. Le pavillon de l'Arquebuse soissonnaise, construit vers 1630, témoigne du faste de la corporation, que favorisaient

Fig. 26. — Porte du Collège.   Fig. 27. — L'Aisne et le Mail.

les sympathies de l'illustre maréchal d'Estrées. C'est un coquet pavillon en brique et pierre, que précède un portail monumental, surmonté d'un entablement orné de trophées (fig. 22). L'ensemble est du plus heureux effet.

Soissons était le siège d'une importante intendance. En 1772, un somptueux hôtel fut édifié sur l'emplacement de l'ancien château des comtes de Soissons, à l'usage de l'intendant Lepelletier de Mortefontaine. C'est de nos jours l'hôtel de ville (fig. 28). En dehors des services municipaux, le vaste bâtiment, qu'entourent de grands jardins, abrite le musée et la bibliothèque. C'est aussi le siège de la Société archéologique, dont ses travaux érudits font la digne héritière de l'ancienne Académie soissonnaise, autrefois fameuse par la haute culture de ses membres. La ville compte encore, comme monument du passé, le Collège, dont la porte ne manque pas de caractère (fig. 26). Le presbytère de la cathédrale (fig. 25), situé en bordure de la place Mantoue, sur laquelle donne la façade de l'église, provient d'un prélèvement fait sur l'ancien évêché. La résidence de l'évêque jusqu'à l'abolition du Concordat n'était séparée de cette emprise paroissiale que par la rue de l'Évêché, qui aboutit au chevet de la cathédrale, vis-à-vis de l'emplacement qu'occupaient encore

Fig. 28. — L'Hôtel de Ville.

Fig. 29. — La Bourse de Commerce et le Monument de la Défense.

Fig. 30. — Le Marché-Neuf.

naguère les bâtiments de l'Hôtel-Dieu. Mais, depuis 1910, l'Hôtel-Dieu, vieille bâtisse que l'hôpital neuf du quartier de la Gare rendait superflue, a disparu pour faire place à un marché couvert (fig. 30).

La physionomie du quartier, jusque-là plutôt somnolent, a subi de ce fait une complète transformation. La rue qui longe désormais le marché et qui relie la cathédrale à la place Saint-Pierre, en jetant une bouffée d'air neuf au cœur du vieux Soissons, y a fait naître une animation inconnue. Il est permis de regretter la placidité bonasse de la rue des Chaperons-Rouges avant cette trouée modernisatrice. Mais, il n'est que juste d'applaudir aux efforts de l'architecte chargé des plans de la halle municipale pour échapper à la banalité et innover avec un certain goût. On accepte avec moins d'enthousiasme l'édifice vulgaire inauguré en 1898, sur l'emplacement de l'ancienne porte Saint-Martin, pour héberger la Bourse de Commerce, héritière de l'ancienne « Agence » de Soissons (figure 29). Cependant, il requiert une mention spéciale en considération de l'importance des affaires qui s'y traitent.

Fig. 31. — L'Aisne et le pont du chemin de fer.

C'est le centre du trafic de la région, l'âme du Soissonnais agricole et industriel. La place sur laquelle s'élève cette maison du négoce a vu se dresser en 1901 un monument commémoratif de la belle défense de la ville en 1870. C'est la première vision qui accueille le voyageur débouchant de l'avenue de la Gare avant d'entrer dans la vieille ville démantelée.

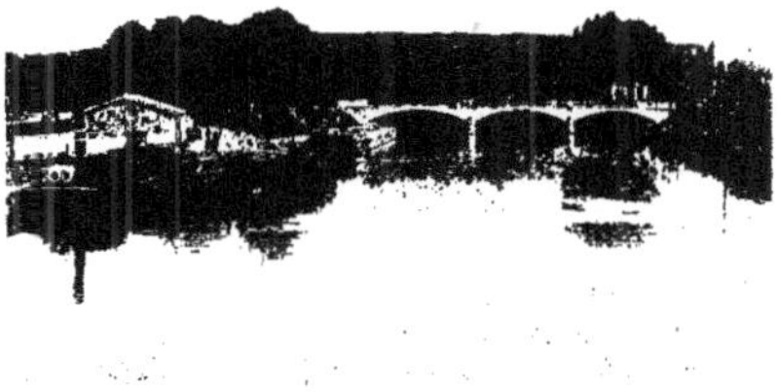

Fig. 32. — L'Aisne et le vieux pont.

Un petit chemin de fer, qui part de la grande gare, la contourne à l'Est et touche au port de la rivière d'Aisne avant de s'engager sur un pont (fig. 31) qui traverse le cours d'eau en aval du vieux pont menant au faubourg Saint-Vast (fig. 32). C'est encore une innovation récente. La rive fluviale y a perdu pas mal de son charme pittoresque. Mais comment résister aux exigences impérieuses du développement économique ? Les âmes avides de poésie n'ont qu'à longer

Fig. 33. — Cloître de Saint-Léger.

Fig. 34. — L'Aisne et le Mail.   Fig. 35. — Le jardin de la Société d'Horticulture.

la berge et à descendre jusqu'au niveau du Mail. Là, de rustiques ombrages attendent le promeneur (fig. 27 et 34). En semaine, la rêverie s'y trouve à son aise. Les dimanches de belle saison, l'affluence du beau monde, attiré par la musique militaire (fig. 36), l'effarouchera peut-être. A défaut de la grande campagne et des vastes horizons, il lui reste encore le jardin de la Société d'Horticulture, à l'autre bout de la cité, entre l'avenue de la Gare et le faubourg de Crise (fig. 35). L'enceinte ne s'ouvre pas à tout venant. C'est une manière de cercle, où l'on n'entre que sur présentation. Mais l'urbanité la plus accueillante caractérise les membres de ce cénacle. Admis à faire partie de la Société, vous ne sauriez vous désintéresser de la confrérie de Saint-Fiacre, une des plus prospères du Soissons de nos jours. Vous assisterez avec elle, dans la cathédrale, à un bel office annuel. Soissons, en dépit du courant moderniste qui l'a traversé, demeure attaché aux vieux us. C'est, je l'ai dit et je le répète, un lambeau très vivace de la vieille France.

Fig. 36. — La musique au Mail.

PETITES MONOGRAPHIES
DES
GRANDS ÉDIFICES DE LA FRANCE

Collection dirigée par M. Eugène LEFÈVRE-PONTALIS

Chaque volume illustré. — Broché, 2 fr. ; Cart., 2.50

L'Abbaye de Fontenay, par Lucien BÉGULE.
L'Abbaye de Moissac, par Aug. ANGLÈS.
L'Abbaye de Vézelay, par Ch. PORÉE.
La Cathédrale d'Albi, par Jean LARAN.
La Cathédrale de Bourges, par Amédée BOINET.
La Cathédrale de Chartres, par René MERLET.
La Cathédrale de Clermont-Ferrand, par H. du RANQUET.
La Cathédrale de Limoges, par René FAGE.
La Cathédrale de Lyon, par Lucien BÉGULE.
La Cathédrale du Mans, par Gabriel FLEURY.
La Cathédrale de Reims, par Louis DEMAISON.

La Cathédrale de Rouen, par Armand LOISEL.
Le Château d'Anet, par Alphonse ROUX.
Le Château de Chambord, par Henri GUERLIN.
Le Château de Coucy, par Eug. LEFÈVRE-PONTALIS.
Le Château de Rambouillet, par H. LONGNON.
Le Château de Vincennes, par F. de FOSSA.
L'Église de Brou, par Victor NODET.
L'Hôtel des Invalides, par Louis DIMIER.
Le Mont Saint-Michel, par Ch.-H. BESNARD.
Saint-Paul-de-Léon, par L.-Th. LÉCUREUX.
Senlis, par Marcel AUBERT.

H. LAURENS, Éditeur, 6, rue de Tournon, Paris.

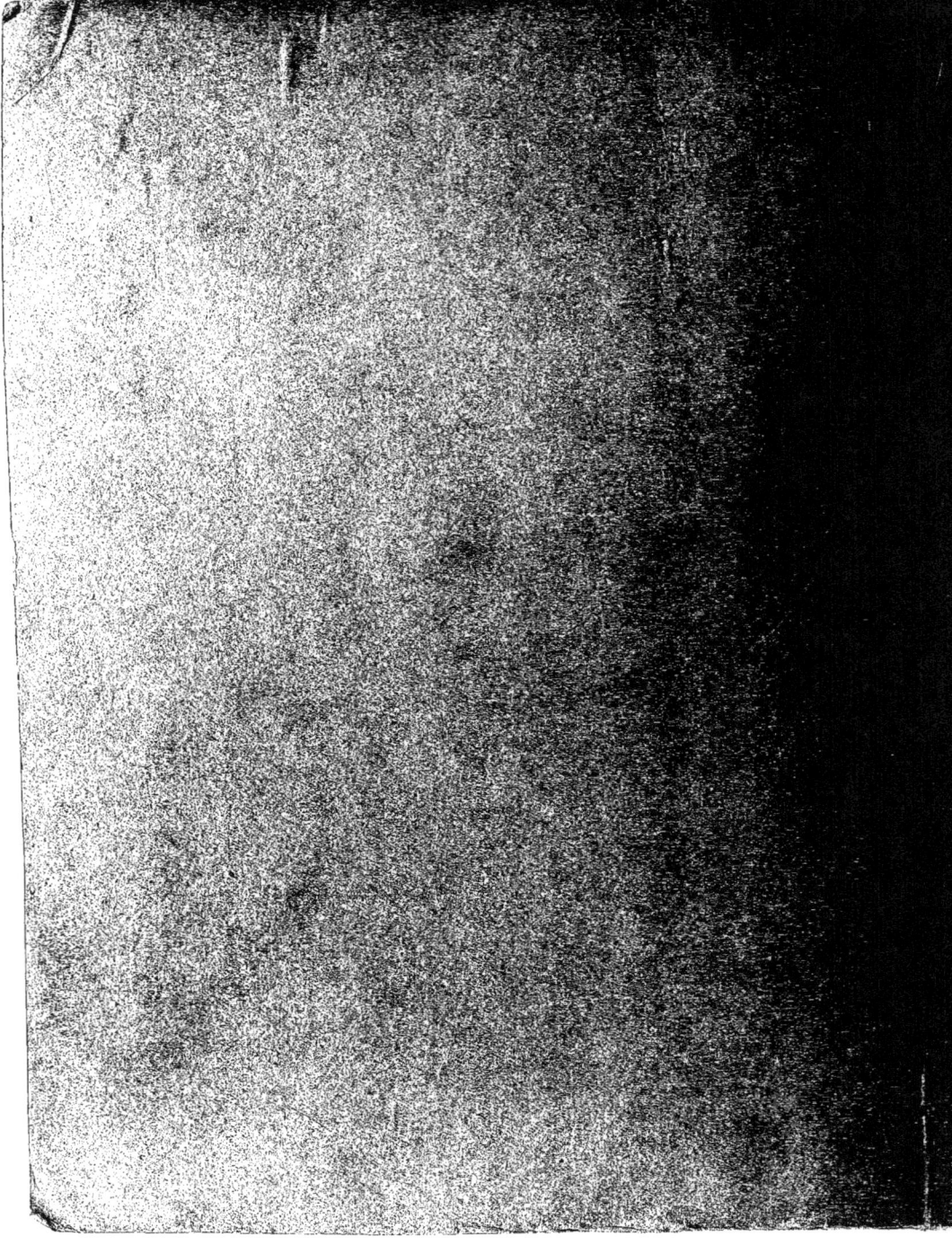

www.ingramcontent.com/pod-product-compliance
Lightning Source LLC
Chambersburg PA
CBHW060927050426
42453CB00010B/1882